頑張りすぎないほうが成功する

中谷彰宏

PHP文庫

○本表紙図柄＝ロゼッタ・ストーン（大英博物館蔵）
○表紙デザイン＋紋章＝上田晃郷

まえがき

成功は、ジャムのふた。
最初は固いけど、
2度目からは楽ちん。

最初の成功は、なかなかむずかしい。
でもむずかしいのは、
最初だけです。
2度目の成功からは、
使いかけのジャムのびんのふたを開けるより簡単です。
開かないジャムのびんはありません。
ジャムのふたがちょっと固くても
開けることができるのは、
ジャムのふたが開くことを、
あなたが知っているからです。
ふたが開かないからと、
捨ててしまっているジャムのびんはありませんか。

目次

34

人生には
地図には出ていない道がある。
一見行き止まりでも、
そこまで行くと、抜け道がある。

36

あなたの人生は、
移動ですか、旅ですか。
移動の人にはマイナスの回り道も、
旅の人には、楽しみになる。

38

クサい行動を大事にしよう。
一生懸命できない人には、
一生懸命は、クサく見えるのだ。

40

10秒間走って表彰される人を、
たった10秒しか働かない人と
けなす人がいるだろうか。

42

人生は、昆虫採集。
値段の高い虫より、
見たこともない変な虫を
見つけることが大事。

44

人生は、自転車。
こぎだすと安定する。
神様が後ろを
支えていてくれる。

46

賭博現行犯で押さえられた
ギャンブラーが言った。
「マッチ棒がなかったんで、
万札をかわりにしてただけや」

48

神様は、不正には寛大だ。
しかし、不正を隠すことには厳しい。

110 世界で一番カッコいいのは「まちがった」と言える人だ。

112 人生はゲームオーバーのないピンボールマシン。すべてがチェーンリアクションで起こる。

114 すべての失敗は頑張りすぎが原因。後は、力を抜けばうまくいく。

116 あなたが来ると、店が混む。そんなお客さんになろう。

118 好きなことに出会えただけで、幸せだ。好きなことに出会えない人も大勢いるんだ。

120 アンコールが当たり前になると、本当に楽しんでいるとはいえない。

122 1ミリまで測れる定規で、0・1ミリまで測る。目盛りがなくなったところからが勝負。

124 ギリシャでは、拍手をすると叱られる。拍手をされるために踊っているのではない。

126 わからないことを、わからないまま大切にしよう。わからないことが、あなたの世界を広げる。

206 エジソンの耳を引っ張って、
聴力を奪ったのは、
神様だった。

208 エジソンの発明した
蓄音機には、
歯形がついていた。

210 グラブで捕ろうとするから、
捕れないんだ。
手で捕るんだ。

212 盗んだのは、
泥棒ではない。
神様が、
荷物を軽くしてくれたんだ。

214 亡くなった人は、
遠くへ行ったのではない。
あなたの中に、合体したのだ。

あとがき
人生はバスと同じ。
遅れるバスは、ますます遅れる。

頑張りすぎないほうが成功する

焚《た》き火のコツは、
燃えにくい木で、
長持ちさせること。

やる気は、焚き火のようなものです。

焚き火のコツは、２つです。
ナラ・カシ・ブナのように、燃えにくい木を使うことと、
火を大きくしすぎないことです。

スギやマツのように、
燃えやすい木を使うと、簡単に火がつきますが、
あっというまに燃え尽きてしまいます。
火を大きくしてしまうと、火は長持ちしません。

燃えやすい木は、
燃えにくい木に火をつけるための、火種となるのです。

心の中に、火をつけましょう。
心の中に、両方を持ちましょう。

負け戦《いくさ》の分析は
まるで勝ち戦の分析のように、
ニコニコ笑いながらしよう。

最悪の事態の時こそ、ニコニコ笑いながら、考えましょう。
最悪の事態の時には、
誰でも「最悪だ」と、深刻な顔で考えてしまいます。
そんな時、まるで、絶好調のようなニコニコした顔で
「まいった。最悪だよね。ハハハ…」と、
笑いながら考えてみましょう。
1人で考える時だけでなく、
誰かと相談する時もなおさらです。
深刻な顔で考えようが、ニコニコ笑いながら考えようが、
同じです。
いやむしろ、ニコニコ笑いながら考えたほうが、
いい解決策が浮かびます。

柔らかい壁に打ったクギは、
すぐ抜ける。
堅い壁を探せ。

あなたは今、壁に棚を作ろうとしています。
そのために壁にクギを打つ。
壁にクギを打つ時、
スルッと入ってしまうような柔らかい壁に、
クギを打つ人はいません。
スルッと入ってしまうような壁に、
何本クギを打っても、すぐ抜けてしまうからです。
棚が落ちないように、
クギを打つなら、できるだけ堅い壁を探すことです。
クギを打ちこむ時は、堅い壁ほど、
打ちこんだクギは抜けなくなります。
まだ、柔らかい壁を探していませんか。

「出直してこい」は、「2度と来るな」ではなく、「もう1度チャンスをやる」だ。

「出直してこい」と言われたことはありませんか。
そう言われた時、
あなたはどう思いましたか。
もうダメだと思いませんでしたか。
神様は、時には厳しいことを言います。
神様の「出直してこい」は、
ちょっと聞くと厳しい言葉のようですが、
そこには愛があるのです。
神様は、決して「2度と来るな」とは言いません。
何度失敗しても、
「出直してこい」とチャンスをくれるのです。

失敗で失うものが
大きいほど、
あなたが手に
入れているものも大きい。

失敗すると、失うものは大きい。
でも、失敗で失うものの大きさと、
得るものの大きさは、常に比例するのです。
大きなものを失ったとしたら、大きなものを得たのです。
ミスをしてA社で出入り禁止になった。
でも、会社はA社だけではありません。
A社の取引を失った分だけ、
あなたは仕事の技《わざ》を身につけたのです。
その技は、A社以外の得意先で、
存分に発揮できるでしょう。
そう考えれば、
失敗した時こそ、微笑《ほほえ》みが生まれてくるはずです。

花は1日10歳、年をとる。
だから一生懸命咲いて
きれいなんだ。

花は、今日1日を、
10年のつもりで、一生懸命生きています。
だから、花は美しいのです。
でも、人間だって同じです。
1日を、10歳年をとる覚悟で生きる人と、
80年のうちの1日として生きる人とでは、
1日の意気込みがおのずと変わってきます。
たとえ、80歳まで生きたとしても、
135億年の宇宙の時間の流れから見れば、
ほんの一瞬に生まれて、一瞬に消えたようなものです。
1日、10歳年をとる花のように、
精いっぱい咲きましょう。

人生は、2通り。
ホームレスになるか、
奴隷になるか。

金持ちになるか、貧乏人になるかではありません。
どんなにお金持ちになって、
地位や名声を得ることができても、
自由がなければ、それは奴隷です。
自由と交換に安定を手に入れる人もいます。
すべての決断は、
ホームレスになるか、奴隷になるかの選択です。
私が会社を辞める決断をした時の理由もこれです。
奴隷よりも、ホームレスになろう。
あなたの生き方は、
ホームレスですか、
それとも、奴隷ですか。

光を描くには、
影を描くことだ。
つらいことがある人ほど、
輝いている。

影を濃く描けば描くほど、光が際《きわ》だってきます。
影がなければ、あなたに光が当たりません。
人は、つい、光を描くために、
白く白く塗ろうとしてしまいます。
どんなに白く塗っても、影がなければ、
ただの白でしかありません。
つらいこと、悲しいこと、苦しいこと、誰にも言えないこと、
すべてが、あなたの影となって、
あなたに光を与えてくれます。
光を求めてはいけません。
影を恐れてはいけません。
光は、影の中にこそあるのですから。

人生には
地図には出ていない道がある。
一見行き止まりでも、
そこまで行くと、抜け道がある。

地図がないから歩くことができないということはありません。
地図がなくても歩くことはできます。
地図があると、逆に歩けないこともあります。
そこまで行かないと見えないけれど、
軒《のき》の下をくぐって通り抜けできる道があったりします。
金網が張ってあっても、
子供たちが通るために、
穴が開いたままになっていたりすることもあります。
どこかのお宅の庭を
通り抜けさせてもらえることもあります。

あなたの人生は、
移動ですか、旅ですか。
移動の人には
マイナスの回り道も、
旅の人には、楽しみになる。

ただA地点からB地点へ動くだけなら、「移動」の人生です。
キョロキョロ寄り道をしながらうろうろするのが、
「旅」の人生です。

「移動」の人生にとっては、
足止めを食わされたり、道をまちがえることは、
マイナスです。

ところが「旅」の人生にとっては、
失敗やまちがいや、回り道こそが、
道中に起伏《きふく》を与えてくれる喜びとなるのです。

あなたの人生は、
回り道を避ける「移動」の人生ですか、
それとも回り道を楽しむ「旅」の人生ですか。

クサい行動を大事にしよう。
一生懸命できない人には、
一生懸命は、
クサく見えるのだ。

「あいつのやってることは、クサい」
と人に言われても、
気にすることはありません。
「クサい行為」を否定してはいけません。
誰かが頑張っている時、
それを「クサい」とバカにしないようにしましょう。
一生懸命することは、
みっともないことです。
みっともないからと、
見栄や体裁《ていさい》を気にしていたのでは、
夢を実現することはできません。

10秒間走って
表彰される人を、
たった10秒しか働かない人と
けなす人がいるだろうか。

少ししか働いていないように見えるのに、
たくさん稼ぐ人をついうらやんでしまいます。
マイク・タイソンが、たった31発のパンチで、
29億円のファイトマネーを稼ぎました。
パンチ1発あたり、およそ1億円。
それを見て、なんて楽に稼げるんだと誤解してはいけません。
カール・ルイスも、たった10秒で、
金メダルを獲れるわけではないのです。
たった10秒のために、
みんなが寝ている間も、練習をしているのです。
アウトプットだけで、
人間を判断しないようにしましょう。

人生は、昆虫採集。
値段の高い虫より、
見たこともない変な虫を
見つけることが大事。

昆虫採集でヒーローになれるのは、誰でしょう。
たくさん虫を捕まえた子ではありません。
デパートで高い値段で売っている虫を
捕まえた子でもありません。
他の誰もが捕ったことのない珍しい虫を、
捕まえた子です。
ところが、人生になると、
他のみんなが持っている虫を
捕まえようとしてしまいます。
誰も見たことのない珍しい虫を
せっかく捕まえたのに、
捨ててしまっていませんか。

人生は、自転車。
こぎだすと安定する。
神様が後ろを
支えていてくれる。

自転車は、こぎだすまでが一番むずかしい。
安定してから、こぎだそうとしても、ムリです。
自転車は、走りださないと安定しません。
こぎだして、スピードがつくと安定するのです。
最初は、誰かに後ろを支えてもらって、練習します。
支えてもらっていると思うと、
安心して運転できます。
ふとふりかえった時、
支えていたはずの人がいない。
でも、自分の力で乗れていることに気づくのです。
とりあえず、こぎだしてみましょう。

賭博《とばく》現行犯で
押さえられたギャンブラーが
言った。
「マッチ棒がなかったんで、
万札をかわりにしてただけや」

ある芸人さんが、現金を賭けて
楽屋でポーカーをしている現場に、
警察の手入れがありました。
目の前に、1万円札が並んでいる。
その芸人さんはさらりとこう言いました。
普通はマッチ棒をお金のかわりに賭けるのです。
でも、あながち、言い訳でもなかったのです。
根っからのギャンブラーだったその芸人さんにとっては、
1万円札は、マッチ棒のかわりにすぎなかったのです。
1万円札が、お金に見えているうちは、
ギャンブルには勝てません。

神様は、不正には寛大だ。
しかし、
不正を隠すことには厳しい。

ほとんどの大統領が、あやまちをおかしたことで
消えていきました。
不正をおかしたことで消えていったのではありません。
不正を隠すことで、消えていったのです。
人間は、時には、不正をすることもあります。
神様は、時には、目をつぶってくれることもあります。
ところが、そんな寛大な神様も、
不正を隠すことは、許してはくれないのです。
不正をおかすことが、
あやまちなのではありません。
不正をしたことを、隠すことがあやまちなのです。

ウォーミングアップに
ならないことは、
一つもない。

いざ勉強や仕事を始めようと、
机に向かっても、つい余計なことばかりしてしまう。
そうすると、なんて自分は意志が弱いのだろうと
自己嫌悪を感じ始めます。
でも、それは十分ウォーミングアップになっているのです。
独立したいけど、まだサラリーマンを続けている。
作家になりたいけど、アルバイトが忙しくて、
なかなか書く時間がない。
あせらなくても、大丈夫です。
それでいいのです。
あなたのしていることは、これからしようとしていることの、
すべてのウォーミングアップになっているのです。

自殺の名所の東尋坊で、8万5000回も飛び込んだおっちゃんがいる。

飛び込む勇気もすごいことですが、
17年間で8万5000回も、
断崖《だんがい》をよじ登ってきたことのほうが、
もっとすごいことです。
そんな場所ですから、もちろん階段なんてありません。
ましてやエレベーターなんてありません。
崖をよじ登ってくるのです。
飛び込みおじさんは、
飛び込む直前には食事をしないそうです。
理由は、「見物客の前で、腹が出ているとみっともないから」。
飛び込みおじさんが何度もダイビングするのを見て、
自殺を思い止《とど》まった人もいます。

今あなたが書いている伝票には、
気が入っているだろうか。

あなたが今書いているFAXには、
気が入っているでしょうか。
あなたが今書いている伝言メモには、
気が入っているでしょうか。
あなたが今とっているコピーには、気が入っているでしょうか。
あなたが今書いている企画書には、気が入っているでしょうか。
あなたが今書いているお礼状には、気が入っているでしょうか。
気が入っていなければ、
すべては、ただの紙切れです。
ただの紙切れでも、
気が入っているものには、エネルギーがあるのです。

人生という海では、
速く泳ぐことより、
長く浮いている能力が必要。

泳ぎ方を覚えないと、おぼれてしまいます。
学校で教わるのは、
どれだけ速く泳げるかということでした。
学校がプールなら、人生は海です。
人生という海では、
船が沈んだ時、どれだけ速く泳げるかということより、
どれだけその場で長く浮いていられるかが大事なのです。
オランダの学校では、
長く浮いていることができるようにトレーニングをします。
人生では、速く泳ぐ人よりも、
おぼれそうでも沈まない人のほうが、
成功するのです。

60歳の人だって、
トキで言えば15歳。

動物の年齢を、人間の年齢におきかえてよく言います。
最後のオスのトキのミドリは、20歳で亡くなりました。
人間で言えば、80歳だということです。
ということは、80歳のお年寄りも、トキで言えば、
まだ20歳の成人式を迎えたばかりだということです。
定年を迎えた60歳の人でも、
トキで言えば、15歳。
やっと中学を卒業したばかりです。
管理職の40歳の人で、トキで言えば、10歳。
年が気になりだしたら、
自分の年齢をトキの年齢におきかえてみましょう。
あなたは、トキで言うと、今何歳ですか。

泣いている子供に、
「泣くな」と叱《しか》ってはいけない。
1分以上泣く子はいない。

他人の子供の泣き声ほど、
うるさいものはありません。
せっかくグリーン車に乗ったのに、
泣いている子供のせいで、
眠れなくなることもあります。
泣いている子供がいても「うるさい」とどなってはいけません。
そっとしておいてあげましょう。
抱いてあげましょう。
1分以内に必ず泣きやみます。
泣いているのが、もしあなただったら、
心配いりません。
1分以内に、涙は止まるでしょう。

イチロー選手の凄《すご》さは、内野安打にある。

イチロー選手の凄いところは、
打率の高さだけではありません。
内野安打の多いところです。
内野安打だからとバカにしてはいけません。
内野安打は、クリーンヒットと同じくらい評価しましょう。
いやそれ以上に、評価するべきです。
内野安打のおかげで、
チェンジになるところで得点が入ることもあります。
内野安打を打つには、
足が速くなければなりません。
平凡な内野ゴロでも、
一生懸命走ることが大事なのです。

一生懸命生きるなら、
見せ物になることを
恐れてはいけない。

一生懸命なにかをやることは、
だらだらと生きている人にとっては、こっけいです。
だらだらと生きている人は退屈なので、
見せ物を見て退屈しのぎをしようとします。
一生懸命生きていない人は、
一生懸命している人が汗をかくのを見て
バカにしたいのです。
転ぶのを見て、笑いたいのです。
見せ物を見て笑う側にまわってはいけません。
見せ物にされて、笑われる側になるのです。
それが、あなたが一生懸命にしている証拠です。

言いにくいことを
言ってくれる人は神様。
言いにくいことを
言えない人も神様。

言いにくいことを、言ってくれた人を
大切にしましょう。
言いにくいことを言うのは、誰だってイヤです。
嫌われたくないからです。
怒るのは、筋違いです。
言いにくいことを言ってくれなかったからと言って、
責めてはいけません。
愛があるから、言えなかっただけなのです。
愛情がなければ、言いにくいことでも、
ズバリと言ってしまったでしょう。
言いにくいことを言ってくれた人にも、
言わなかった人にも、感謝しましょう。

30歳の人は、もう20回も奇跡に出会っている。

100円玉の表《おもて》が、10回続けて出る確率なんて、
ほとんどないと思いますか。
その確率は、2^{10}分の1です。
1024回に1回です。
成功する人は、けっこう出るもんだと考えるのです。
毎日1回実験するとして、
3年に1回は、表が10回続けて出るのです。
10回続けて裏が出るのを合わせると、中学3年間だけで、
2回もとんでもない幸運に出会っているのです。
30歳の人でも20回は、
表か裏を10回続けて出すような奇跡に
めぐりあっているのです。

人生という草野球で負けているゲームを楽しもう。

草野球では、
大量得点差で勝つ試合ほど、
つまらないものはありません。
ワンサイドゲームで勝った試合は、
ほとんど話題にのぼりません。
大量得点差で負けている試合を、大逆転した試合ほど、
やっていて興奮するものもありません。
「9回2アウトから、10点差をひっくりかえしたんだよね」
と打ち上げで、いつまでも語りぐさになるのは、
負けているゲームを巻き返した試合です。
負けているゲームでも笑っていられるのは、
最後の大逆転の楽しみが残っているからです。

独立した年には
見栄出費を控え、
1円でも
黒字を出す。

独立すると、最初の年は赤字が出てもかまわないと
よく言われます。
それくらい積極的な覚悟で臨《のぞ》め
という意味なのです。
この言葉を聞きまちがえると、
どんどん積極的に投資しろ
ということになってしまいます。
できるだけ、小さく始めるのが、成功の秘訣です。
見栄を張ったり、世間体を考えて出費がかさむのは、
失敗の原因です。
出費を控え、初年度に、1円でもいいから、
黒字を出しましょう。

マメな性格の人なんていない。
マメに行動する人がいるだけだ。

マメな人を見ると、
あの人はマメだからと片付けてしまっていませんか？
成功の秘訣は、やっぱりマメにつきます。
マメと言われる人は、性格的にマメだから、
コツコツやっているわけでは決してありません。
性格的にマメな人と、性格的にマメでない人が
いるわけではないのです。
マメに行動できる人と、
マメに行動できない人がいるだけです。
マメに行動している人は、マメな性格だから、
楽にできるわけでは決してないのです。
マメをバカにしてはいけないのです。

迷いは、
本番の後に
とっておきましょう。

迷わない人はいません。
迷っていいのです。
迷うから人間なのです。
ただ、成功する人としない人の差は、迷う時が違うのです。
ほとんどの人は、
今まさに本番中という時に迷います。
これが、もっとも成功から遠い人です。
成功する人は、それまでどんなに迷っても、
本番中には迷わない人です。
本番前に迷いすぎると、本番に臨めなくなってしまいます。
本番後には、結果が出ているので、
迷わなくてもすむのです。

反論する時は、署名入りで反論しよう。

10年かけて打ち込んでいる人に対して、
たかだか1年しか学ばない人が批判することはできません。
原稿用紙300枚を尽くして書いている1冊の本に対して、
10枚足らずの原稿で批判することはできません。

署名入りの作品に対して、
匿名《とくめい》で批判することはできません。

署名入りの作品はリスクを背負っていますが、
匿名はリスクから逃げているのです。

批判するには、
同じレベルの労力とリスクを背負うのが、
神様への最低限のマナーなのです。

500年後のことを
考えて造っているものに、
とやかく口をはさむな。

薬師寺の西塔が、平成の大改築で、修復されました。
完成した西塔は、
なんと東塔よりも、1m70cmも高くなってしまいました。
世間の大騒ぎを気にもせず、
設計をした宮大工の西岡常一さんは
こう言いました。
「わかってるさ。
500年後から同じ高さになるように設計してあるんだから」
職人の考えることは、なんとスケールが大きいのでしょうか。
そうでなければ、これほど地震の多い国で、
1200年以上も前の木造建築が、
残っているわけがないのです。

タクシーの運転手さんだって、
気持ちいいお客さんと
イヤなお客さんが
いるでしょうね。

タクシーに乗った時、気持ちのいい運転手さんに当たると、
それだけで、幸せな気分になれます。
無愛想な運転手さんに当たると、
こちらまでムッとしてしまいます。
そんな時は、こう考えてみましょう。
気持ちのいいお客さんと、
イヤな感じのお客さんがいるのと同じです。
今あなたの乗ったタクシーの運転手さんが無愛想なのは、
さっき乗ったお客さんが
イヤな感じのお客さんだったからかもしれません。
あなたは、どちらのタイプですか。

どっちが勝つかわからない。
ただし、見物客が
勝つことだけはない。

ルーレットで、10回続けて赤が出たとします。
あなたなら、次は、どちらに賭けますか？
この時、3通りの人に分かれます。
これだけ赤が続けて出るのなら、
また赤だろうと、赤に賭ける人。
それとも、
もうそろそろ黒が出てもいい頃だと、黒に賭ける人。
人生というギャンブルでは、どちらも成功する人です。
もう1回様子を見てみようと、
見物する人だけが、負ける人なのです。
しかも、賭けないで負ける人が圧倒的に多いのです。

神様のリモコンの
届くところまでは、
自分で出て行くこと。

神様は、リモコン装置を使って、
私たちの人生がうまくいくように、
操作してくれます。
神様のリモコンにも、弱点があります。
障害物があると、神様のリモコンも届きません。
私たちが、障害物に隠れて、閉じこもっていると、
神様がいくらうまく操作するためにスイッチを押しても、
リモコンが届きません。
いつまでも安全なところに隠れていたのでは、
いくら神様が助けようと思っても、
助けることができないのです。

神様は
空の上からではなく、
地べたから
私たちをながめている。

たまには、地べたに座り込んでみましょう。
できれば、人通りの多い
朝の通勤ラッシュのようなところがいいでしょう。
地べたから世界を見ると、
ゆったりとした気持ちになってきます。
一度地べたに座ってみると、やめられなくなります。
あくせくしている人は、
地べたに座っている人を、
同情のまなざしでながめます。
でも、地べたから同情のまなざしでながめられていることに
気がついていません。

平らなところがあるから、
階段は上ることができる。
直線で上るより、
階段で上るほうが高く上れる。

成功への道は、
一直線の坂道ではありません。
上る時は、一瞬で急に上りますが、
いくら時間をかけても、
成果の上がらないまっ平らな時期もあります。
つまり、直線ではなく、
デコボコした階段状なのです。
文字どおり、成功への道は、
成功への階段なのです。
階段に、平らな部分がなければ上ることはできません。
今、あなたは、一見上っていないように見えますが、
大事な足場を組んでいる大事な時期なのです。

ギャンブルは、
平常心のある人の勝ち。
勝っても勝ったと思わず
負けても負けたと思わず。

負けた時、取られたと思う人は、
それでペースをくずします。
取られたのではなく、あげたのです。
勝った時、調子に乗ると、負けます。
平常心とは、
勝ちと負けの、真ん中にあります。
ムリをしないで、
真ん中にいることを心がけるのです。
両端の勝った人と負けた人が、
ひとりでに自滅していきます。
勝った時、勝ったと思わず、
負けた時に、負けたと思わないことです。

詰めすぎると、
引き出しだって開かなくなる。
開かないのは、
神様の警告。

引っ掛かっているのは、定規ではありません。
神様が、中で引っ張っているだけです。
神様は、詰め込みすぎだよと教えてくれているのです。
引き出しが開かなくなった時、
初めて、私たちは、詰め込みすぎであることに気づきます。
不思議なことに、あんなに開かなかった引き出しが、
すっと開きます。
あなたは、開かなくなった人生の引き出しを、
開けようとしてガタガタしています。
力では開きません。
詰め込みすぎではありませんか。

時間をつくるコツは、
準備をしないこと。
時間がないという人は、
準備に時間をかけすぎ。

準備の時間を節約しましょう。
時間がないからできないのではなく、
準備なしに始める勇気がないからできないのです。
準備なしに始めるのは、勇気がいることです。
でも、準備なんかしなくても、意外にできるものです。
人生は、海外旅行のようなものです。
海外旅行に行くために、
英語を勉強し始める人はいません。
人生という海外旅行において、
英検1級をとってから、
海外旅行をしようとしている人が、
なんと多いことでしょう。

眠れない夜は、
羊を1匹持っている、
羊を2匹持っている…
と数えるのだ。

まちがった数え方をしていませんか。

「羊が1匹、羊が2匹…」は、

“There is one sheep. There are two sheep.”

(羊が1匹いる。羊が2匹いる)ではないのです。

“I have one sheep. I have two sheep.”なのです。

羊は、あなたの持ち物なのです。

宝物なのです。

宝物を数えて寝るとよく眠れます。

羊は、ふかふかした柔らかなイメージがあります。

複数形がありませんから、

数えるのに便利です。

sheep はいつのまにか、sleep に変わるのです。

「これから、何をやりたいか」
ではなく
「今、何をやりたいか」だ。

あなたは未来を真剣に考えています。
「これから、何をやりたいか」
といつも考えています。
でも、大事なのは、
未来ではなくて、今です。
「今、何をやりたいか」よりも、
さらに「今、何をしているか」ということのほうが
大事なのです。
先のことばかりを心配している人は、
今を生きていません。
あなたは、今を生きていますか。
今を楽しんでいますか。

飛ぶというのは、
カッコよく落ちるということだ。

映画『トイ・ストーリー』の中で、
しょせん自分はオモチャだから
飛ぶことなんてできないと自信をなくしていたバズが、
最後に飛びました。
「すごい。飛べたじゃないか」と言われて、
バズは堂々と胸を張って答えます。
「大したことないよ。
カッコつけて落ちてただけだよ(falling with style)」
このセリフがカッコいいですね。
飛ぶというのは、舞い上がることではないんですね。
カッコつけて落ちることなんです。
落ちる時でも、カッコよく落ちようじゃありませんか。

頬に流れる涙だけが、
涙ではない。
外に流す涙と、
内に流す涙がある。

外に流れる涙は、頬《ほお》にこぼれます。
内に流れる涙は、心にたまります。
外に涙が流れると、
まわりの人は、悲しんでいると言います。
内に涙を流す人は、
悲しんでいるとは理解してもらえません。
目に見える涙で、人を判断してはいけません。
悲しそうな顔をせず、
涙を外に流していないからといって、
悲しんでいないわけではありません。
涙を外に流さないで、
内に流しているだけなのです。

帽子は、謝る時に脱ぐためにある。

人は、どうして帽子をかぶっているのでしょうか。
おしゃれのため？
それとも、頭を守るため？
いいえ「ごめんなさい」と
謝る時に、帽子をとるためです。
ただ「ごめんなさい」と言っただけより、
帽子をとって謝ったほうが、
本当に謝っているように見えるでしょう。
帽子を発明した人は、
しょっちゅう失敗をしていて、
本当に「ごめんなさい」という気持ちを
伝えたかったのです。

一番早く進むコツは、
列を並び替えないこと。

列に並んでいると、
必ず隣りの列のほうが早く進むような気がしてしまいます。
ついガマンしきれなくなって、並び替えます。
すると、今度は元いた列のほうが、早く進む。
この法則を覚えておきましょう。
人生は、郵便局で、並んでいるようなものです。
並び替えてはいけないのです。
この法則を知っていながら、
どうして人生では、
列を並び替えてしまうのでしょう。
今、隣りの列に、
並び替えようとしているあなたですよ。

世界で一番カッコいいのは
「まちがった」
と言える人だ。

人生で、まちがわない方法があります。
まちがった時に、「あっ、まちがった」
と大声で言うことです。
できれば、明るく宣言しましょう。
「まちがった」と言えないから、つらいのです。
自分が「まちがった」と認めることは、
これほど恥ずかしいことはありません。
でも、「まちがった」と私が言おうが言うまいが、
私がまちがったことは、
もうみんなにわかっているのです。
「まちがった」と言うのは、
みっともないことではないのです。

人生はゲームオーバーのない
ピンボールマシン。
すべてが
チェーンリアクションで起こる。

それだけが、単独で起こることは、
一つもありません。
あることが起こったのは、
何かがキッカケになっています。
そして、そのことは、
また必ず次のあることを引き起こします。
ただ、何がキッカケでそのことが起こって、
そして、次のことを引き起こしていくのか、
その時には、気づかないだけなのです。
チェーンリアクション（連鎖反応）で起こるので、
あなたのすることすべてが、ムダにならないわけです。
いつまででも、プレイできます。

すべての失敗は
頑張りすぎが原因。
後は、
力を抜けばうまくいく。

暴投は、ピッチャーの得意な球《たま》で生まれます。
ここ一番の勝負のところで、力が入りすぎて、
球が離れず、ワンバウンドになるのです。
力を抜いた球が、すっぽ抜けるのが原因ではありません。
失敗が起こるのは、手を抜いたからではありません。
手を抜いたら、失敗すらできないのです。
頑張りすぎて生まれる失敗は、
いい失敗なのです。
頑張りすぎて失敗した人は、
今度は、力を抜けばいいのです。
必ずうまくいきます。

あなたが来ると、
店が混む。
そんなお客さんになろう。

その人が来ると、
店が混むというお客さんがいます。
さっきまでがらがらだったお店が、
その人が来ただけで、
いきなり混み始めるのです。
静かだった店が、急に、活気づくのです。
まるで福の神のような人です。
お店としては、
その人はお金を払ってくれなくても、
来てほしいお客さんです。
お客さんになる時には、
そういう人になりたいものです。

好きなことに出会えただけで、
幸せだ。
好きなことに出会えない人も
大勢いるんだ。

やりたいことがあるけど、
それをする才能が自分にあるかどうか
わからないと悩んでいる人は、ぜいたくです。
世の中には、やりたいことすら、
見つからない人が、大勢いるのです。
自分が何が好きかすらわからずに、
好きなものと出会えない人も大勢いるのです。
自分の好きなものに出会えただけで、
こんなに幸せなことはありません。
好きなものに出会えて、
そのうえ、好きなことをする才能まで欲しいなんて、
神様に叱られます。

アンコールが
当たり前になると、
本当に楽しんでいるとは
いえない。

アフリカのある国では、
聴衆は、演奏が終わると、
さっさと帰ってしまいます。
そのかわり、音楽を楽しんでいる最中は、
聴衆も最高に盛り上がってノリます。
私たちはいつのまにか、
アンコールの習慣に慣れきっています。
演奏する側も、聴く側も、
アンコールがあることをお約束にして、
演奏を楽しむ姿勢がなくなってしまっているのです。
演奏を本当に楽しんでるのは、
終わったらさっさと帰るアフリカの聴衆なのです。

1ミリまで測れる定規で、
0・1ミリまで測る。
目盛りが
なくなったところからが勝負。

1ミリ単位の目盛りの定規で、
どれだけ細かく測ることができますか？
もちろん、1ミリ。
そう答える人は、普通の人です。
目盛りがなければ測れない。
それは当たり前です。
何かをなしとげる人は、
目盛りがなくなったところでも、
一生懸命測ろうとするのです。
0・8ミリと、0・3ミリは、やっぱり違います。
0・1ミリを読み取ろうとするのです。
見えない目盛りを読むことが大切です。

ギリシャでは、
拍手をすると叱られる。
拍手をされるために
踊っているのではない。

拍手をしてはいけないのは、
その人の踊っている気分を
ジャマしてしまうからです。
私たちは、拍手を当たり前のようにしていますが、
相手にとっては、大きなおせっかいかもしれません。
拍手をする人は、
自分も拍手されることを、
どこかで期待しています。
拍手をしてもらうために、踊ってしまうのです。
拍手などで誰にもジャマされずに、
自分1人で踊れる人こそ、
本当の意味で、人生を楽しむことができる人です。

わからないことを、
わからないまま大切にしよう。
わからないことが、
あなたの世界を広げる。

世の中には、わからないことが
たくさんあります。
世の中には、わかっているけれども、
自分にはわからないこともあります。
わからないからといって、
それを否定してはいけません。
わからないことが、あなたの世界を広げてくれるのです。
今わからないけど、
そのうち、わかるようになることもあるでしょう。
そのうちなんとかなるだろうと、
捨てずに、わからないまま
心のポケットにしまっておきましょう。

ファインプレイに
見えないものこそ、
本物のファインプレイ。
プロだけが
見抜いてくれている。

本物のファインプレイは、
簡単には気づいてもらえません。
グラブの端っこに
ぎりぎりボールが引っかかるのは、
スタートが出遅れたためです。
ボールの飛んでいく方向の予測が、まちがっていたのです。
打者の打ったライナーを
外野手が真正面でキャッチするのは、
バッターの運が悪いのではなく、
外野手の予測が勝ったファインプレイなのです。
あなたの目立たないファインプレイは、
素人は気づかなくても、プロはちゃんと見抜いています。

負け戦《いくさ》の時にこそ、チームワークは生まれる。

ピンチを一緒に経験したカップルには、
愛情が芽生えます。
負け戦を一緒に戦った戦友には、
友情が芽生えます。
失敗した時こそ、絆を固くしましょう。
チームワークを育てるために、失敗はあるのです。
負け戦で、仲間割れをするチームがあります。
勝ち戦なら、仲間割れをしてもかまいません。
負け戦になるわ、仲間割れはするわでは、
せっかくの負け戦がだいなしです。
せっかくの負け戦なのです。
仲良く負けましょう。

ホノルルマラソンで、
ヌイグルミを着て
走っている人は、
優勝者の顔をしている。

せめて負け戦の時くらい、楽しみましょう。
どんなに好きなことでも、
勝ち戦になっていると、
楽しんでばかりはいられません。
勝つために、楽しむ余裕などないのです。
負け戦が決まると、これほど楽なことはありません。
好きなことを精いっぱい楽しむ余裕が生まれるからです。
確かに、勝つことは楽しい。
けれども人生では、
勝ち戦より、負け戦のほうが、
本当は楽しいこともたくさんあります。
ホノルルマラソンを見に行ってみましょう。

叱られることより、
見つめられることで、
成長する。

子供は、親の言うことを聞きません。
親の目を見ているのです。
子供は、口でいくら叱っても、反発するだけです。
人を育てるのは、目です。
見つめられることで、何も言われなくても、
自分から、直したくなるのです。
見つめられることで、自分を反省するのです。
「言ってくれればよかったのに」と、
グチをこぼしていませんか。
言ってくれる人ばかり求めてしまうと、
黙って見つめてくれる人が、
いなくなってしまいますよ。

ときどき冷やしたほうが、
強いタマゴになる。

一定の温度で暖められたタマゴは、
弱いそうです。
親は、エサを捕りに、
しばらくタマゴから離れます。
この瞬間に、タマゴは、
外気に触れて冷やされるのです。
その結果、強いタマゴになるのです。
才能は、タマゴのようなものです。
冷やされてばかりでは育ちませんが、
暖められてばかりでも、強くなりません。
暖められたり、冷やされたりして、
伸びていくのです。

ため息一つで、
寿《じゅ》命《みょう》が1年縮む。
笑い一つで、
寿命が1年伸びる。

あなたの寿命は、
あらかじめ決められています。
でも、毎日変動しています。
今日、何かに感動した。それで、1年伸びました。
今日、何かに腹を立てた。それで、1年縮みました。
今日、何かに大笑いした。それで、1年伸びました。
今日、何かでため息をついた。それで、1年縮みました。
今日、誰かに感謝をした。それで、1年伸びました。
今日、誰かの悪口を言った。それで、1年縮みました。
今日、プラスマイナス、
何年ですか。

いいアイデアと、
いい知らせは、
眠れない夜に訪れる。

夜、どうしても、
眠れないことはありませんか。
あわてて眠ることはありません。
せっかく眠れないのだから、
眠れない夜を大切にしましょう。
もんもんとして眠れないのは、
あなたに何かが起ころうとしているからです。
重大なことが
起ころうとしている時に、
寝ていたのでは見逃してしまうので、
神様があなたを起こしてくれているのです。

人間の手で、
暖められないものはない。

あなたの手がどんなに冷えきっていて、
冷たい手でも、誰かの手を暖めることができます。
手の冷えきった2人がいました。
2人は手を合わせました。
一方の人が「暖かい」と言いました。
もう1人も「暖かい」と言いました。
科学的には、一方の人が暖かく感じる時は、
もう一方の人は、冷たく感じるはずなのです。
でも、手を合わせると、
どちらも暖かく感じる。
きっと人の思いが、手の中で、
熱エネルギーに変わるからです。

人生というゲームに
終わりは2回ある。
1回目の終わりは
早く来るが、
2回目の終わりは
なかなか来ない。

終わりが1回だけだと思い込んでいるので、
ほとんどの人が「1回目の終わり」で、
帰ってしまうのです。
まだまだゲームは続けられるのです。
なんともったいないことでしょう。
終わりには「1回目の終わり」と
「2回目の終わり」があります。
そして、「2回目の終わり」は
なかなか現れないので、
結果的には、いつまでも続けることができるのです。
「2回目の終わり」にたどり着いた人は、
まだいません。

数学は、
サイコロバクチから生まれた。
高等数学も
気合いでわかるのだ。

どんなむずかしそうな本でも、
恐れることはありません。
どうして割り算ができるのですか。
習ったからではありません。
割り算くらいはできると、のんでかかっているからです。
割り算も、江戸時代では高等数学です。
割り算ができるような女性は、
嫁のもらい手がなかったそうです。
割り算はできるけど、
量子力学となると、もう読む前から、
わからないとくじけてしまっているだけなのです。
物理学だって、ビリヤードから生まれたのです。

あなたの探しているのは、
手段ではない。
存在の証明だ。

あなたの悩みは、
「どうすれば、できるだろうか？」ではありません。
あなたの悩みは、「あるのか、ないのか？」ということです。
「本当にあるのだろうか？」ということに、
人間は悩み続けているのです。
自分に作家になる才能はあるのか、
あの人は自分に対して愛があるのだろうか。
あることさえ証明してくれれば、
そこから先は、もう簡単なのです。
あなたの探しているのは、手段ではなく、
やる気でもありません。
存在さえ証明できれば、やる気はわいてくるのです。

才能は、お酒と同じ。
時間をかけて
腐《くさ》らせたものが、
人を酔わせる。

お酒は、残り物から生まれました。
原始生活をしている人が、果実を山で採ってきた。
食べ切れなくなって、余りを捨てた。
それが、岩の間で、腐って発酵した。
そうして、人を酔わせるお酒が生まれたのです。
才能も同じです。
まず、今日は役に立たずに、
見捨てられているものであること。
そして、時間をかけて、腐らせること。
今日、役に立てようとしてはいけません。
腐らないようにと、
あわててはいけません。

幸せは、業績ではなく、生き方にある。

お金持ちになったり、
有名になったりすることが、
成功ではありません。
成功とは、業績ではなく、生き方なのです。
幸せは、成功にあるのではなく、生き方にあるのです。
山登りをする人が喜びを感じるのは、
頂上にたどり着いた瞬間ではありません。
登っている最中すべてに、喜びを感じているのです。
時には、吹雪で足止めを食っている時にも、
喜びを感じているのです。
断念して、山を下りている時にさえ、
喜びを感じているのです。

つらい過去から、
成功が手に入る。
つらい失敗から、
未来が手に入る。

成功と失敗のどちらが、欲しいですか？
もちろん、成功ですね。
では、過去と未来のどちらが、欲しいですか？
もちろん、未来ですね。
自分のまわりは、
過去と失敗だらけだと思い込んでいる人は、
すでに成功と未来の両方を手に入れています。
成功から、未来が生まれるのではありません。
あなたが何をしても、成功か未来かのどちらかが、
手に入るのです。
具体的な行動に、
ハズレくじはないのです。

神様は井戸の中にいる。
夏冷たく、冬暖かい。
深く掘るほど、
水温は一定になる。

水道水のような人になるよりは、
井戸水のような人になりたいものです。
水道水は、夏は生暖かく、冬は冷たい。
それに対して井戸水は、
夏は冷たく、冬は暖かい。
井戸水の温度は、
夏も冬も同じです。
外の温度に影響されないのです。
井戸水は、外の温度に左右されないから、
夏冷たく、冬暖かく感じるのです。
深く掘りましょう。

自分に降りかかる
すべてのことを引き受ける人に
幸せは訪れる。

楽しいことも引き受ける。
悲しいことも引き受ける。
うれしいことも引き受ける。
ムッとすることも引き受ける。
面白いことも引き受ける。不愉快なことも引き受ける。
運のいいことも引き受ける。運の悪いことも引き受ける。
成功も引き受ける。失敗も引き受ける。
美人に言い寄られることも引き受ける。
その美人の亭主に殴《なぐ》られることも引き受ける。
自分に起こることをすべて引き受ける人に、
人生の楽しみが訪れます。

社会的能力のない人ほど、
超能力を持っている。

超能力者は、子供が多い。
子供の頃、超能力があっても、
大人になるにつれて、
だんだんパワーが弱くなっていきます。
知識と経験を積み重ねて、暗記したり、
器用にこなしたりする社会的能力がついてきます。
社会的能力と交換に、
超能力を失っていくのです。
暗記するのが苦手な人や、
器用にこなしたりすることが苦手な人は、
社会的能力が欠如しています。
その分、超能力を働かせることができるのです。

人間には2通りいる。
ゼロから始めることのできる人と、
キッカケを待っている人。

キッカケを待っている人は、
いつまでたっても
始めることはできません。
キッカケがなくても、
始めることのできる人が、
ゼロから始めることのできる人です。
1からならば誰でも始めることができるのです。
誰かが、キッカケをつくってくれるのを、
待っていませんか。
みんながそうして、待っているのです。
第1歩は、あなた自身がつくるのです。
2歩目からは、神様が手伝ってくれます。

負ける時は、
大差で負けよう。
大差の負けは、
尾を引かない。

負ける時は、完膚《かんぷ》なきまでにやられましょう。
大差で負けても心配はいりません。
負けて一番いけないのは、
負けが明日の試合に尾を引くことです。
失敗するなら、大失敗しましょう。
大失敗は、尾を引きません。
再起不能になるような大失敗のほうが、
意外にすぐ再起できるものです。
小さい失敗のほうが、
致命傷になることが多いのです。
強い相手を選んで、
どんどん負けましょう。

おいしいものを食べるには、
お腹をすかせること。

お腹がすいている時に食べるオニギリほど、
おいしいものはありません。
お腹がすいてさえいれば、
何を食べてもおいしく感じるのです。
どんなにおいしいものでも、
満腹の状態で食べれば、
おいしく感じるわけがありません。
おいしいものが好きな人は、
年がら年中食べている人ではありません。
おいしいものをおいしく食べるために、
適度にお腹をすかせている人です。

人は、学校より、
競馬場の帰り道で、
もっとも反省する。

反省も人生の楽しみの一つです。
ギャンブラーは、けっして怠惰《たいだ》な人たちではありません。
ギャンブルは、反省を通して、
勤勉に行き着くのです。
なぜあの馬を買わなかったのだろう。
明日から、ちゃんと働こう。
今度こそ、きっとうまくいく。
家庭サービスもしよう。
自分は生まれ変わるんだ。
来週こそ、きっと勝てる……。
反省は、楽しい。
楽しい反省をしたいなら、ギャンブルをすることです。

パスボールの
多いキャッチャーは、
いいキャッチャーだ。

あなたの投げた球を受け取れなかったキャッチャーを、
責めてはいけません。
なぜなら、キャッチャーはあなたを信頼していたから、
捕ることができなかったのです。

パスボールは、
サイン通りに球が来なかった時に起こります。
パスボールをしたキャッチャーは、
サイン通りにボールが来ると信じていたのです。
サインとは全然違う方向に球が来たのに、
キャッチできたのは、
逆に、あなたを信じていなかったからかもしれません。

ものは、
外から壊れない。
壊れる時は、
必ず内側から。

外側から壊れたように見えても、
実は、もうすでに
内側から壊れていたのです。
どんなに外側から力が加わっても、
内側さえしっかりしていれば、
壊れることは決してありません。
外から力が加わることによって、
内側が強くなることもあるのです。
壊さないためには、
外側のひび割れを直すことより、
内側のひび割れを直すことです。

自分を恨《うら》む人を恨むな。
呪《のろ》いに負けそうな
自分を励ませ。

丑《うし》の刻参りという呪いがあります。
丑の刻、深夜2時頃。
神社やお寺の境内の木に、
恨みのある人に見立てたワラ人形をクギで打ちつけて、
人を呪うという儀式です。
実際、丑の刻参りをされた人の具合が悪くなる
ということがあります。
ただし、丑の刻参りの話を知らない人に、
丑の刻参りの呪いはかかりにくい。
呪いというのは、自分が誰かに恨まれているという情報で、
精神的に参ってしまうのです。
結局、呪いは、自分自身がかけているのです。

素直な人に、神様は助太刀《すけだち》する。

きれいなものを見て、素直にきれいと感動できますか。
素晴らしい才能に出会って、
素晴らしいと素直に感動できますか。
夜も寝ないで、
膨大な仕事量をこなす人を見て、
そのエネルギーのすさまじさに素直に感動できますか。
歯を食いしばって頑張っている人を見て、
その根性に、素直に感動できますか。
人がやらないことをなしとげる人を見て、
素直に感動できますか。
裸一貫《はだかいっかん》から事業を成功させた人を見て、
素直に感動できますか。

「我が社は2度と
あなたと仕事をしない」
などと会社の看板で脅《おど》かす奴は、
2度と相手にするな。

出入り禁止になっても、
心配することはありません。
「我が社」と会社の看板をかさに着て、
立場の弱い出入り業者を脅かすような人と仕事をするのは、
時間のムダです。
「私は2度とあなたと仕事をしない」と、
個人として言いきってくれる人は、
仕事ができる人です。
そういう人は、きっとまた
チャンスをくれるはずです。
出入り禁止を恐れているようでは、
仕事はできません。

ギリシャの青い海と
まぶしい太陽と
芳醇《ほうじゅん》なワインから、
プラトンやソクラテスが
生まれた。

ギリシャ哲学が、ギリシャで生まれたのは、
驚くべきことです。
青い海、青い空、白い壁、まぶしい太陽、
芳醇なワイン、陽気な人々。
そんな環境の中から、歴史上最高の哲学が生まれたのです。
考えるというと、
つい、じめじめとした印象を持ってしまいがちです。
ものを考えるというのは、
暗い気持ちで考えるものではないのです。
プラトンもソクラテスもアリストテレスも、
世界最高の哲学者たちは、
ギリシャだからこそ生まれたのです。

人生は、
神様との2交替制。
行きづまったら、
相棒にタッチしよう。

あなたが寝ている間に、神様が働いてくれています。
自分1人で仕事をしているつもりになると、
せっかく手伝っているのに
ありがたみがわかっていないと、
パートナーの神様はひねくれてしまいます。
行きづまった時は、ひとまず寝ましょう。
目が覚めて神様と交替する時には、
きっと寝る前より進んでいるはずです。
共同作業ですから、
神様だけに押しつけてはいけません。
あなたが頑張れば、神様も頑張ってくれます。

閉じ込められて、
初めて自由を手に入れる。
体を閉じ込められても、
心を閉じ込めることはできない。

セルバンテスは、スペインの牢獄の中で
『ドン・キホーテ』を書き始めました。
ソルジェニーツィンは、スターリンの強制収容所の中で、
自由を求める作品を書き続けました。
中途半端に自由な人は、
心の自由を手に入れることはできません。
シャバのありがたみがわからないのです。
もし、あなたが今、
閉じ込められるような悲劇的な状況に
置かれているとしたら、
逆にあなたは、心の自由を手に入れているのです。

極度に追いつめられると、
スローモーションで見える。

人間の脳は、
極度に追いつめられた瞬間に、
大量のアドレナリンを分泌します。
脳のカメラが
猛烈なスピードで回転することで、
物事の動きが、スローモーションで見えます。
事故を思い出す時、
スローモーションで思い出すのも、このためです。
ボクサーやレーサーも、
試合をスローモーションで思い出せます。
思い出す時だけスローモーションなのではなく、
最初からスローモーションで見えているのです。

手で描く絵は、
目で描く絵にかなわない。
目で描く絵は、
心で描く絵にかなわない。

手先が器用なだけでは、
三流の画家にしかなれません。
見えるままに描くというのは、
誰もが見えるように描くということではありません。
画家の仕事は、
人には見えないものを描くことです。
人は、画家が描いた絵を見て初めて、
見えていなかった目の前の世界を
見ることができるのです。
画家が心で描いた絵を見て、
現実の中に美しさを初めて見出すのです。

偉くなってから
テングになっているようでは
ダメだ。
偉くなる前から、
孤高《ここう》なテングでいよう。

名もなく貧しい間に、ぺこぺこする人にかぎって、
偉くなると、急に高飛車《たかびしゃ》になります。
偉くなくても、偉くても、
態度が変わってはいけないのです。
昨日や今日、テングになった人と一緒にしてもらっちゃ困る
というくらいの気持ちを持ちましょう。
テングとは、そもそも山に住む孤高な神様なのです。
修験者《しゅげんじゃ》の姿をし、羽根うちわを持って、
空を自由に飛ぶ神様なのです。
名もなく、貧しい間から、
テングでいられる人は、根性のある人です。

猫と話ができる人は、
神様と話ができる。

話のできないものと、
話ができるようになりましょう。
南方熊楠《みなかたくまぐす》は、猫と話ができたといいます。
貧乏のどん底にいた留学中にも、
猫とパンを分けあって食べていました。
苦労した時に、そばにあったものと、
話ができるようになります。
樹や幽霊と話ができる人もいます。
命がないと思われているものも、
すべて話ができるのです。
ものと話をする姿勢を持てば、
相手はどんどんあなたに話しかけてくれるのです。

人は、
光から生まれて、
光に帰っていく。

あらゆる物質は、光でできています。
人は、土の中から生まれました。
地球の土は、宇宙空間から生まれました。
宇宙は、何もないところから、
ある日、大爆発を起こした光の中から生まれました。
人は死ぬと、土に戻ります。
地球もやがて、膨張《ぼうちょう》する太陽に包まれてしまいます。
土はやがて、光になるのです。
人は、死んで光になるのです。
人が輝いているのは、
そもそも光からできているからです。

温泉につかって、
イヤなことを考える人は
いない。
お湯の中では、
みんな神様になる。

温泉につかって、怒っている人はいません。
温泉につかって、泣いている人はいません。
温泉につかって、誰かをうらんでいる人はいません。
温泉につかって、イヤなことを考えている人はいません。
温泉に入ると、みんなニコニコしています。
温泉につかって、ケンカしている人はいません。
なんだかケンカすることすら、
面倒になります。
ひょっとしたら、このだらっとした感覚が、
神様の心境かもしれません。

成功する人は、仕事が速いのではなく、労働時間が長いだけだ。

自分は不器用で仕事が遅いからと、
言い訳をしないようにしましょう。
あの人は、仕事が速いからと、
決めつけないようにしましょう。
人が寝ている間も
頑張っているのかもしれないのです。
成功する人は、人より仕事が遅いことをカバーするために、
人の何倍も頑張っていることのほうが多いのです。
不器用で、1時間にできる仕事の量が少ない人ほど、
長時間働くので、
速く仕上げることができます。

酔っている時の私が、
本当の私。

酔うと、陽気になって、
楽しくなる人がいます。
酔って人に迷惑をかける人もいます。
酔うと、別人になると言います。
でも、酔っている時の自分が、
本当の自分なのです。
しらふの時は、
理性という仮面をかぶって生きているのです。
酔って、陽気になる人も、迷惑をかける人も、
それがその人の本当の姿なのです。
酔うと、みんな子供になります。
酔うと、みんな神様になります。

酔っている時の英語が、
一番通じる。

あんなに勉強したのに、
どうして実践では英語って通じないんでしょう。
通じないのは、勉強が足りないからではありません。
勉強しすぎているからなのです。

ちょっと1杯ひっかけて、
理性をとっぱらいましょう。
ほろ酔い気分で、話してみましょう。
きっと通じるはずです。

理性でした勉強は、理性がジャマになります。
不思議なことに、
英語の勉強なんかしなくても、
酔っ払い同士は、話が通じるのです。

社会に出たら、見えない学力が見える学力を追い越す。

学力には、2つあります。
見える学力と、見えない学力です。
学校を卒業すると、見える学力を、
見えない学力が追い越します。
社会に出ると、漢字や方程式や年号よりも、
手の洗い方や、靴の脱ぎ方のほうが大事になります。
手の洗い方や、靴の脱ぎ方を教えることが、
本当の教育です。
そういうことを教わらなかったと、
親や先生に文句を言っても始まりません。
気がついたら、自分で覚えるのです。

エジソンの耳を引っ張って、
聴力を奪ったのは、
神様だった。

エジソンは、少年時代、
列車で新聞売りをしていました。
乗り遅れそうになって、
耳を引っ張り上げられたせいで、
耳が不自由になりました。
でも、引っ張り上げてくれた人をうらみませんでした。
耳が聞こえなくなったせいで、
つまらない世間話につきあわなくてもすみ、
恋人にも、近づくことができたと、
日記に残されています。
エジソンの耳を引っ張って聴力を奪ったのは、
神様だったのです。

エジソンの発明した
蓄音機には、
歯形がついていた。

エジソンは、耳が不自由だったからこそ、
コミュニケーションを大事にしました。
だから、電話機を実用化したのです。
聞くことの喜びを知っていたからこそ、
蓄音機を発明したのです。
エジソンの蓄音機には、
歯形がついていました。
歯で音を聞いていたのです。
かみしめながら、実験を繰り返し、
蓄音機を開発したのです。
不自由なのは、
私たちのほうではないでしょうか。

グラブで捕ろうとするから、
捕れないんだ。
手で捕るんだ。

戦場では、銃に頼ろうとする兵士は、
生き残ることはできません。
お金に頼ろうとする商売人は、成功しません。
筆で書こうとすると、
いい字を書くことはできません。
グラブで捕ろうとする選手は、
キャッチすることができません。
ボールは、たとえグラブをはめていても、
手で受け取るのです。
道具に頼ってはいけません。
道具は、しょせん、
手にはかなわないのです。

盗んだのは、
泥棒ではない。
神様が、
荷物を軽くしてくれたんだ。

何かを盗まれても、がっかりすることはありません。
荷物が軽くなったと思いましょう。
神様が、あなたの荷物を軽くするために、
必要な時まで、預かってくれたのです。
どんなに大切にしているものでも、
その荷物は、もう必要のない荷物だったのです。
あなたが生きていくうえで必要なものは、
神様は盗みません。
どうしても必要になった時は、
神様は、そっと返してくれます。
神様を、押し入れがわりにして
預かってもらいましょう。

亡くなった人は、
遠くへ行ったのではない。
あなたの中に、
合体したのだ。

親しい人が亡くなっても、悲しんではいけません。
別離したのではなく、合体したのです。
子供が大きくなってくると、
だんだん親に似てきます。
それは、親が子供の中に入っていくからです。
親が亡くなるのは、
親が子供に完全に合体した時なのです。
たとえ、早く亡くなっても悲しむことはありません。
早く合体できたのです。
亡くなった人は、
生きている人の心の中に合体することで、
生き続けるのです。

あとがき

人生は
バスと同じ。
遅れるバスは、
ますます遅れる。

遅れるバスは、ますます遅れるというのは、
バス通勤をしている人なら、誰でも知っている法則です。
予定時刻より遅れることで
ますます停留所にお客さんがたまります。
乗り降りに時間がかかります。
超満員で次の停留場に着くと、
さらにいつもより多くのお客さんが、待っていて、
乗ろうとします。
予定より遅く着くバスは、
ますます遅くなります。
あなたは人生というバスを運転しています。
停留所に、夢というお客さんを待たせていませんか。

★は最新刊です

『ここまでは誰でもやる』
『諦めない、諦めさせない。』
『全身サービスマンで行こう！』
『あなたのサービスが伝説になる』
『クレームはラブレターだ』
『あなたが動けば、人が動く』
『問題を起こす人が成功する』
『時間に強い人が成功する』
『自分で考える人が成功する』
『人間に強い人が成功する』
『中谷の頭脳／時事問題』
（以上、PHP研究所）
『面接の達人』シリーズ 『受験の達人2000』
★『大人のスピード勉強法』
★『スピードリーダーシップ』
『今やるか一生やらないか』
『なぜあの人の話に納得してしまうのか』
『自分のためにもっとお金を使おう』
『人を喜ばせるために生まれてきた』
『一日に24時間もあるじゃないか』
『もう「できません」とは言わない』
『お金は使えば使うほど増える』
『お客様が私の先生です』
『出会いにひとつのムダもない』
『今からお会いしましょう』
『お客様がお客様を連れて来る』
『なぜあの人は気がきくのか』
『お客様にしなければならない50のこと』
『なぜあの人は困った人とつきあえるのか』
『管理職がしなければならない50のこと』
『なぜあの人はお客さんに好かれるのか』
『なぜあの人はプレッシャーに強いのか』
『なぜあの人にまた会いたくなるのか』
『なぜあの人は運が強いのか』
『なぜあの人は時間を創り出せるのか』
『独立するためにしなければならない50のこと』
（以上、ダイヤモンド社）
『喜びは与えれば与えるほど与えられる』
『あなたのお客さんになりたい！２』
『あなたのサービスが忘れられない！』
『想いは、かなう』『知性で運を開く』
『あなたの部下になりたい！』
『あなたのお客さんが戻って来る！』
『あなたのお客さんになりたい！』
（以上、三笠書房）
『時間塾』『企画塾』『交渉塾』『人脈塾』
『情報塾』『成功塾』『自分塾』
（以上、サンマーク出版）
文庫『億万長者はガレージから生まれる』
文庫『その他大勢から抜け出せ』
文庫『複業で成功する58の方法』
（以上、成美堂）
『レストラン王になろう』『ホテル王になろう』
（オータパブリケーションズ）
『人を動かすコトバ』
（実業之日本社）
『あと「ひとこと」の英会話』
（浜家有文子共著/DHC）
『デジタルマナーの達人』（小学館）

小説

『受験王になろう』『会社の怪談』
『漂えど沈まず』
（以上、ダイヤモンド社）
『いい女だからワルを愛する』
（青春出版社）
『恋愛不倫』『恋愛運命』『恋愛美人』
『恋愛旅行』『恋愛日記』『恋愛小説』
（以上、読売新聞社）
『天使の誘惑』『甘い生活』
（以上、スターツ）
『天使がくれたラブレター』 （アスペクト）

中谷彰宏　主な著作リスト（2000年1月現在）

恋愛論・人生論

★『お金のかからない222の大人のプレゼント』
★『出会い運が開ける50の小さな習慣』
『ムシャクシャを元気にする333の方法』
『大人の女のマナー』
『キミはどこにいるの？』
『人生をムダにしない50の小さな習慣』
『大人の遊び人になろう』
『生き直すための50の小さな習慣』
『毎日を記念日にする本』
『運が開ける3行ハガキ』
『強運になれる50の小さな習慣』
『君が結婚前にしておく50のこと』
『「ちょっぴり幸せ」になる方法』
『運命を変える50の小さな習慣』
『君の手紙に恋をした』
『恋によく効くおまじない』
『忘れられない君とのデート』
『偶然の一致には意味がある』
『遠回りの恋のかなえ方』
『手のひらの、キスをしよう。』
『恋の奇跡のおこし方』
（以上、PHP研究所）
『香港でアフタヌーンティーを』
『君と食べるのが一番おいしい』
『君は本の匂いがする』
『ロマンティック街道で待ち合わせ』
（以上、実業之日本社）
『ピンチを楽しもう』『人は短所で愛される』
『本当の自分に出会える101の言葉』
『大人になる前にしなければならない50のこと』
『自分で思うほどダメじゃない』
『人を許すことで人は許される』
『学校で教えてくれない50のこと』
『大学時代しなければならない50のこと』
『大学時代出会わなければならない50人』
『60秒で奇跡は起こる』
『20代でしなければならない50のこと』
『30代でしなければならない50のこと』
『あなたは人生に愛されている』
『あなたの出会いはすべて正しい』
『口説く言葉は5文字まで』
『人は誰でも作家になれる』
（以上、ダイヤモンド社）
書画集『会う人みんな神さま』（DHC）
『幸せになる香り』『幸せになる響き』
『君はこんなに素晴らしい』
『幸せになる手ざわり』
『想い出の中にいつも君がいる』
（以上、アスペクト）
『セックスの話をしよう』『なりたい私になる』
『お金で苦労する人 苦労しない人』
『人生を愉しむ50のヒント』
『前向きになれる50のヒント』
『昨日のノーは明日のイエス』
『心の中に火をつける50のヒント』
『人間関係に強くなる50のヒント』
『背中を押してくれる50のヒント』
『自分の魅力に気づく50のヒント』
文庫『気持ちが楽になる50のヒント』
文庫『涙をこらえている君に』
文庫『みっともない恋をしよう』
（以上、三笠書房）
『足の裏を見るとその人がわかる』（ネスコ）
文庫『キッカケがわかる心理テスト』
文庫『才能を見つける心理テスト』
（以上、成美堂）
『大人のホテル』（オータパブリケーションズ）
『占いで運命を変えることができる』
★『運を強くするツキの話』
（以上、説話社）

ビジネス

★『節目に強い人が成功する』
『仕事運が強くなる50の小さな習慣』

この作品は、一九九七年一月にダイヤモンド社より刊行された。

著者紹介
中谷彰宏（なかたに　あきひろ）
1959年4月14日、大阪府堺市生まれ。早稲田大学文学部演劇科卒。博報堂のCMプランナーを経て、執筆活動へ。恋愛エッセイ・小説から人生論、ビジネス書まで、多くのロングセラー・ベストセラーを送り出す。舞台やドラマ出演など、幅広い分野で活躍中。

※本の感想など、どんなことでも、お手紙を楽しみにしています。
他の人に読まれることはありません。僕は、一生懸命読みます。
中谷彰宏

〒102-8331　千代田区三番町3番地10
PHP研究所　第三出版部気付　中谷彰宏　行
＊食品、現金、切手などの同封は、ご遠慮ください。[出版部]

[中谷彰宏ホームページ] http://www.an-web.com

PHP文庫　頑張りすぎないほうが成功する

2000年3月15日　第1版第1刷

著者　中谷彰宏
発行者　江口克彦
発行所　PHP研究所
東京本部　〒102-8331　千代田区三番町3-10
文庫出版部　☎03-3239-6259
普及一部　☎03-3239-6233
京都本部　〒601-8411　京都市南区西九条北ノ内町11
PHP INTERFACE　http://www.php.co.jp/
印刷所
製本所　図書印刷株式会社

ISBN4-569-57375-4